AF189051

Reutlingen

lieben lernen

Der perfekte Reiseführer für einen unvergesslichen Aufenthalt in Reutlingen inkl. Insider-Tipps und Packliste

Melanie Specht

FSC
www.fsc.org

MIX

Papier aus ver-
antwortungsvollen
Quellen
Paper from
responsible sources

FSC® C105338

✈ INHALT

Reutlingen, die Stadt am Albtrauf

VON DER VERGANGENHEIT BIS HEUTE

Reutlingen, das „Tor zur Schwäbischen Alb", hat sich im Laufe seiner Geschichte zur Großstadt mit rund 115.600 Einwohner*innen entwickelt. Im Zentrum Baden-Württembergs gelegen, zählt es heute zu den insgesamt neun Großstädten auf dessen Gebiet. Als kleinste und einzige nicht-kreisfreie davon, zählen zum zugehörigen Landkreis Reutlingen immerhin nochmals 316.000 Menschen.

Welche Entwicklungen hat Reutlingen in den

letzten Jahrhunderten auf diesem Weg gemacht und was ist der Stadt davon heute noch anzusehen?

Während wir dieser Frage nachgehen und damit einige Impressionen aus vergangenen Tagen ans Licht bringen, ist es zunächst wichtig, sich ein Bild vom Aufbau Reutlingens zu machen.

Die Stadt gliedert sich in eine Kernstadt (Reutlingen Mitte) und zwölf eingemeindete Stadtteile, die bis 1907 noch selbständige Gemeinden waren. Davon zeugen heute nur noch Verwaltungsstrukturen, wie eigene Ämter und Gremien der Teilorte, die in stadtteilbezogenen Angelegenheiten zwar Mitspracherecht haben, aber letztendlich nicht unabhängig vom Reutlinger Gemeinderat sind.

Im Stadtteil Bronnweiler befindet sich dabei mit der Burg Hugenberg (nach Schätzungen erbaut nach dem Jahr 1100) eine historische Stätte und auch die Wüstungen Blauhof, Breitenbach, Kappishäuser und Rappertshofen, sowie das Gehöft Gaisbühl, atmen heute noch sichtbar den Geist der Vergangenheit.

Die Kernstadt hat sich aus der ehemals königlich-württembergischen Domäne Achalm entwickelt, ein Bereich, der sich so vergrößert hat, dass Reutlingen Mitte heute ebenfalls nochmals in mehrere Teile unterschieden wird. Sie tragen geschichtsträchtige Namen, auf die auch örtliche Besonderheiten und Bebauungsumstände einen Einfluss hatten: Burgholz, Efeu, Georgenberg, Katzensteg, Lerchenbuckel, Römerschanze, Schafstall und Voller Brunnen sind nur einige von ihnen, die Lust auf einen Erkundungsspaziergang durch das alte Zentrum von Reutlingen mit seinen Fachwerkhäuschen und dem verwitterten Mauerwerk machen.

Dass die Ursprünge Reutlingens auf Siedlungsspuren aus der Spätsteinzeit datiert sind, kann sich dabei kaum noch jemand vorstellen. Aber archäologische Funde seit den 1970ern deuten genau darauf hin und legen damit eine dauerhafte Besiedelung des Stadtgebietes schon seit der vorrömischen Zeit nahe. Gräberfunde im Zentrum belegen die Bewohnung in der Keltenzeit (4.-6. Jahrhundert vor Christus). Ab dem zweiten Jahrhundert nach Christus ist die römische Siedlungsphase nachgewiesen worden. Der Name Reutlingen, für alemannische Städtenamen typisch auf „-ingen" endend, trägt die Spuren aus der Zeitspanne vom 4. bis 5. Jahrhundert n. Chr.

Viele Stadthäuser in Reutlingen sind aus den

Steinen einer, 1030 n. Chr. von einem Grafen auf dem Gipfel der Achalm errichteten, Burg gebaut. Diese wurde 1650 aufgrund langsamen Zerfalls über die Jahrhunderte vollends abgerissen. An Stelle der Burg steht heute auf der Achalm, dem prägnanten Berg neben Reutlingen, ein Aussichtsturm, der für all diejenigen einen Besuch wert ist, die eine erhabene Sicht auf die Stadt und die Ausläufer der Schwäbischen Alb genießen möchten.

Die Marienkirche, hervorstechendes Merkmal in der historischen Altstadt Reutlingens und eines der städtischen Wahrzeichen, punktet neben ihrer beeindruckenden gotischen Optik ebenfalls durch geschichtsträchtige Details. Erzählungen zufolge wurde sie nach einer überstandenen Belagerung als Zeichen der Dankbarkeit für die erhörten Gebete der Menschen in Reutlingen erbaut. Dabei wurde ein mehr als 30 Meter langer Rammbock der vormaligen Belagerer als Maßstab für die Länge des Kirchenschiffs genutzt. Der Rammbock selbst wurde nachgebildet und ist nun neben dem Südturm der Kirche zu bestaunen.

Spätestens 1240 wurde Reutlingen zur mittelalterlichen Reichsstadt erhoben. Ein Mönch berichtet in den historischen Quellen von der Verleihung bürgerlicher und städtischer Freiheiten an die Reutlinger durch Kaiser Otto IV. Trotzdem waren noch einige Zeit Steuern und andere Abgaben an den Achalmvogt zu entrichten, der über der Stadt thronte und von dem sich die Stadt nur langsam unabhängig machen konnte. Auch in Zukunft sollte eine Konkurrenz zwischen aufstrebenden Handwerkerzünften und dem Adel die politische Stimmung Reutlingens prägen. Die erste städtische Verfassung von 1374 beendete die Vorherrschaft des Patriziats jedoch langfristig, da sie den Grundstein für eine demokratische Wende legte, die trotz andauernder Auseinandersetzungen bis zum Ende der Reichsstadtzeit, spürbar blieb. Mit der ersten Hälfte des 16. Jahrhunderts wird die Entwicklung zur Freien Reichsstadt als abgeschlossen angesehen.

Reutlingen wurde in der Reformationszeit zu einer südwestdeutschen Hochburg des Protestantismus und blieb es bis ins 20. Jahrhundert hinein. Das führte zu konfessionellen und religiösen Spaltungen. Volle Bürgerrechte der Stadt konnten lange Zeit nur männliche Protestanten erlangen, während Katholik*innen höchstens in untergeordneten Rollen, etwa als Dienstboten, und in dienenden Positionen unterkamen, während Juden und Jüdinnen bis ins Jahr 1860 aus der Stadt vertrieben und ausgewiesen wurden.

Unter napoleonischer Herrschaft endete die Reichsstadt-Ära Reutlingens und es wurde gegen alle Widerstände dem Herzogtum und später Königreich Württemberg unterstellt. Man riss die immer wieder verstärkten und erneuerten Wälle, Türme und Stadtmauern aus der Stauferzeit ab, die Stadtgräben wurden gefüllt, das Gesicht Reutlingens veränderte sich. Heute sind von dieser Veränderung u.a. noch das Gartentor und das Tübinger Tor erhalten, sowie die berühmten Stadtmauerhäuser, die unbedingt Teil einer Besichtigung des gegenwärtigen Reutlingens sein sollten.

Eine weitere Umgestaltung, die Reutlingen prägte, war die Industrialisierung. Sie kam mit dem Eisenbahnanschluss, der privat gerne genutzt wurde, um mit der „Büschlesbahn" (benannt nach den „Büschle", dem Anfeuerholz, kleinen Büschen) Nachbargemeinden zu besuchen – ab 1899 als Dampfmaschine, ab 1912 fuhren dann elektrisch betriebene Züge. Die Maschinen,- Textil- und

Papierindustrie, die das Handwerk in dieser Zeit ablöste, hat in der Stadt noch immer ihren festen Bestand.

Der Übergang in die Neuzeit ist, wie in so vielen Stadtgeschichten, vom nationalsozialistischen Erbe geprägt. Am Ende des Zweiten Weltkriegs waren bis zu 25 Prozent der Reutlinger Gebäude durch Bombardements zerstört. Oskar Kalbfell, an den der nach ihm benannte Platz erinnert, übergab die Stadt 1945 den alliierten Befreiungsmächten, um noch größere Zerstörung zu verhindern. Er wurde nach Kriegsende der erste demokratisch gewählte Oberbürgermeister der Stadt, als Reutlingen unter französischer Besatzung wieder Teil des Landkreises Reutlingen und selbst zur Kreisstadt wurde. Bis 1992 blieben Militärstandorte der französischen Garnison bestehen, und nach ihrem Abzug wurden von ihr genutzte Gebäude für soziale Projekte nutzbar gemacht. Das Kulturzentrum „franz.K" etwa, ein Geheimtipp für alle, die Musik, Kulinarik und Unterhaltung jenseits des Mainstreams genießen wollen, entwickelte sich 2008 aus dem ehemaligen französischen Garnisonskino.

Leben in Reutlingen

Wer im gemütlichen Reutlingen etwas geboten bekommen und die Stadt in Aktion erleben will, für den lohnt sich ein Blick in den Kalender städtischer und kommunaler Ereignisse, die die Reutlinger Einwohner*innen zusammenbringen. Bei verschiedenen, fest etablierten Gelegenheiten im Jahr wird eine bunte Mischung an Traditionen und Gepflogenheiten hautnah erlebbar.

Sollten Sie sich für einen Besuch der Stadt im Januar entscheiden, so ist hier am Donnerstag nach dem Dreikönigsfest der „Mutscheltag" ein Event, dass Sie sich nicht entgehen lassen sollten. Die „Mutschel" ist ein kunstvoll gebackenes, 8-zackiges sternförmiges Gebäck, das aus einer Mischung aus Mürbeteig und süßem Hefeteig hergestellt wird. „Mutscheln", das Spielen und Würfeln um das Gebäck, hat eine ebenso lange Tradition an diesem Tag. Der Überlieferung zufolge entstand die Mutschel schon im 14. Jahrhundert, unter welchen genauen Umständen, ist unklar. Manche Erzählungen deuten darauf hin, dass die Mutschel ihre Karriere einfach nur als missratener Brotlaib begann. Zur Erheiterung tragen sicherlich auch die Namen der klassischen Mutschelspiele bei, denen die Reutlinger*innen am Mutschelabend frönen: „Nackets Luisle" (nacktes Luischen), „langer Entenschiss", oder „der Wächter bläst vom Turme" sind nur einige von ihnen.

Früher war es zudem nicht überraschend, am Mutscheltag von hinten bei den Schultern gefasst zu werden und vom Knie des „Angreifers" einen Stoß in den Allerwertesten versetzt zu bekommen mit den Worten: „D´ Muadr hot gsait, i soll dir a Mütschele gäba!" („Die Mutter hat gesagt, ich solle dir eine Mutschel geben."). Es wird zudem berichtet, dass verheiratete und ledige Männer an diesem Festtag offiziell „Narrenfreiheit" genossen hätten.

Wer es etwas gesetzter mag, kann im Januar auch noch auf einen kulturellen Höhepunkt des Reutlinger Theaterprojekts „Die Tonne" zählen: Das „Monospektakel", ein Solo-Festival, präsentiert einzelne Darsteller*innen auf der Bühne, die konzentrierte Stücke aus dem deutschsprachigen Raum aufführen, welche jedes Jahr unter einen anderen thematischen Schwerpunkt zusammengestellt werden.

Im Februar und März haben zwei Reutlinger Institutionen ihren festen Platz auf dem Programm. Zum einen wird von den evangelischen Kirchen die Reutlinger Vesperkirche veranstaltet, eine soziale und gemeinnützige Aktion, die von zahlreichen Sponsoren und Engagierten getragen wird. Über einen Monat hinweg werden täglich in ausgewählten Kirchen 250 bis 300 Essen von Ehrenamtlichen serviert. Hier zeigen die Reutlinger*innen mit ihrem Einsatz auch für interreligiösen Dialog und Umweltschutz (auf Plastik wird bei den Speisungen verzichtet, wer das Vesper „to go" möchte, ist angehalten, eigene Dosen oder Taschen mitzubringen) ihre

Großzügigkeit und ein Verantwortungsbewusstsein, das inspiriert.

Das zweite Erlebnis, an dem es sich lohnt, teilzuhaben, weil es so viel Kontakt mit dem „typischen" Reutlingen ermöglicht, sind die seit 1976 stattfindenden Mundartwochen, eine Feier des Schwäbischen. Der Veranstalter, die Mundartgesellschaft Württemberg e.V., beschreibt treffend: „Ganz nach dem Motto `Wir können alles außer Hochdeutsch´ wird Dialekt mit Auftritten bekannter Dichter, Komiker und Musiker zwei Wochen lang zum Erlebnis."

Im März ist am Mittwoch nach dem zweiten katholischen Fastensonntag der Schiedweckentag. Wie beim Mutscheltag wird hier an eine traditionelle Reutlinger Spezialität erinnert. Zum Ende der Winterzeit wurde eine Kalbfleischpastete aus Blätterteig berühmt, der Scheidwecken. Ursprünglich handelte es sich dabei um ein einfaches Brötchen (Wecken), das zusammen mit Wein verzehrt, den Abschied von der Spinntätigkeit im Winter in der sogenannten Lichtstube begleitete. Seine Pastetenform soll dem Schiedwecken erst durch einen elsässischen Bäckergesellen, der sich im 18. Jahrhundert in Reutlingen als „Pastetenbeck" niedergelassen haben könnte, verliehen worden sein. Verbunden mit einem Vortrag und einem großen Pastetenessen erinnert seither der Reutlinger Geschichtsverein jährlich am Schiedweckentag an die historische Spezialität, die in den Reutlinger Bäckereien ebenso beliebt ist wie der traditionelle Reutlinger „Kimmicher", ein Brötchen mit viel Kümmel.

Der Mai wird in Reutlingen eingeleitet von einer großen Gartenmesse in der Pomologie, der „Garden-Life". Die historische Parkanlage, die auch den Rest des Jahres mit ihrer duftenden, blühenden Flora zum Entspannen im Grünen einlädt, wird dann von rund 180 Aussteller*innen zusätzlich belebt und geschmückt. Es ist die Gelegenheit für Natur- und Gartenfreund*innen auf der Suche nach Rarem, Schönem und Neuem auf ihre Kosten zu kommen und eine unvergleichliche Atmosphäre zu genießen.

Im Juni und Juli finden zwei Veranstaltungen statt, in der speziell jüngeren Leuten aus Reutlingen und der Umgebung ein Forum für gesellschaftskritische Aktion, Kunst und Unterhaltung geboten wird, welches sich großer Beliebtheit erfreut. Das „Zelt am ZOB" findet seit dem Jahr 2000 im Rahmen der Reutlinger Kinder- und Jugendkulturtage auf dem ehemaligen Bruderhausgelände statt und liefert Anreize zum „gestalten, nicht nur konsumieren.". Dort können sich Organisationen und Projektgruppen mit ihren Zelten aufstellen und vor Ort ein buntes Programm in Eigenregie entwickeln.

Das zweitägige KuRT-Festival (vormals „Umsonst und Draußen") findet seit 2007 jährlich nur wenig später statt. Dabei werden in freiwilliger Arbeit von den jugendlichen Mitgliedern des Vereins KuRT e.V. Konzerte und Poetry-Slams organisiert, begleitet von Graffiti-Kursen und anderen künstlerischen Angeboten. Im Juli folgt zudem noch „Die Stadt spielt", ein Spiele-Fest, zu dem sich Jugendorganisationen (der Stadtjugendring, das Evangelische Stadtjugendwerk und der Türkische Kultur- und Integrationsverein) mit allen Interessierten im Stadtgarten zusammenfinden, um gemeinsam zu spielen.

Musikalisch und in Sachen Entertainment wird auch für andere Altersgruppen im Juli noch einiges geboten, etwa beim Stadtfest, das mit mehreren Showbühnen in der historischen Altstadt „Stimmung, Spaß und gute Laune garantiert". Hier können Sie in den urigen Gassen nach Wahl zu Jazz, Latin, Rock, Irish Folk, Pop, Swing oder auch traditioneller

Blasmusik das Tanzbein schwingen. Noch übertroffen wird dieses Event aus Sicht klassischer Musikliebhaber*innen sicherlich durch das Reutlinger Classic Open Air, das ebenfalls im Juli stattfindet und mit einem klanglich abgestimmten Feuerwerk endet.

Ein kleiner Ausblick in den nächsten Monat zeigt, dass auch der August in Reutlingen musikalisch bleibt: Der Reutlinger Orgelsommer lockt mit seinen harmonischen und bewegenden Orgelkonzerten abwechselnd in verschiedene Kirchen der Stadt.

Am zweiten Sonntag nach dem 4. Juli ist in Reutlingen Schwörtag. Dieses reichsstädtische, politische Ereignis aus den Jahren 1347 bis 1802 wurde 2005 durch Oberbürgermeisterin Barbara Bosch wieder eingeführt. Der Festtag war als „ein Tag demokratischen Frohsinns" geprägt worden und geht auf die jährlich stattfindende Vorstellung, Wahl und Vereidigung der Bürgermeisterin oder des Bürgermeisters zurück. Die Bürgerschaft Reutlingens wurde traditionell auf die neue Regierung der Reichsstadt eingeschworen.

Für den Gaumen finden sich im Juli auf dem Oststadtfest „Neigschmeckt" (was in der schwäbischen

Mundart die Bedeutung „neu/ von außerhalb zuge-
zogen" trägt, in der direkten Übersetzung aber auch
auf das „Hineinschmecken" im Sinne von Probieren
verweist) regionale Spezialitäten. Auf diesem schwäbischen Markt in der grünen Planie Allee können Sie
die vielfältigen Produkte aus dem Reutlinger Um-
land und dem Biosphärengebiet Schwäbische Alb
„mit allen Sinnen genießen. Neue und altbewährte,
wiederentdeckte und neu kreierte Produkte stehen
zum kulinarischen Genuss und zum Kauf bereit.". Daneben gibt es Kunsthandwerk zu bestaunen und
viele hilfreiche Informationen rund um lokale Klima-
und Umweltschutzbelange, zusammen mit hilfrei-
chen Tipps für nachhaltiges Konsumverhalten.

Im September kann dieser Fokus auf Genuss
beim Weindorf Reutlinger Herbst wiederentdeckt
werden. Mit über 80 preisgekrönten Weinsorten,
Sektarten und Champagnern, die ihren Ursprung in
Baden, Württemberg und den europäischen Nach-
barländern haben, können hier schwäbische Gerichte verschiedenster Art verkostet werden – eine
Möglichkeit, die sowohl die Reutlinger*innen selbst,
als auch Besucher*innen, immer wieder begeistert
wahrnehmen.

Mit fortschreitendem Herbst zeigen die Menschen in Reutlingen im September/Oktober nochmals ihre ganz eigene, herzliche und zugleich unaufgeregte Großzügigkeit mit dem Herbst-Grillfest für alle, einer gemeinnützigen Veranstaltung, die vom Verband der Achalmritterschaft Reutlingen e.V. getragen wird. Hier steht die Familie im Mittelpunkt der Feier im Reutlinger Spitalhof, weshalb die Gäste des Grillfests auch ganz ohne Alkohol ihren Spaß haben. An Bedürftige werden Grillgut, Essen und Getränke dabei kostenfrei ausgegeben, was durch Solidaresser*innen, die die regulären Preise bezahlen, ausgeglichen wird. Im Oktober findet zudem im zweijährigen Turnus die Reutlinger Kulturnacht statt, ein auf 50 Lokalitäten, die fußläufig untereinander erreichbar sind, in der gesamten Innenstadt verteiltes Großevent für Musik und Tanz, Kunst, Theater und Comedy. Neben der Stadtbibliothek und verschiedenen Museen wird an diesem Abend das Gebäude der Reutlinger Post bespielt und auch die Parkanlage Pomologie, der Rosengarten und die historischen Katakomben werden mit einer stimmungsvollen Beleuchtung in Szene gesetzt.

Zum Ausklang des Jahres bietet sich ein

ausgiebiger Bummel über den Reutlinger Weihnachtsmarkt an, der seinen Gästen in der Advents-
zeit ein „vielfältiges und gut sortiertes Angebot an
kleinen Kostbarkeiten und weihnachtlichen Geschenken" bietet. Die stimmungsvolle Szenerie runden ein Geschichten erzählender Nikolaus, Märchen-
stunden für alle Sinne und ein Streichelzoo ab, in
dem es verschiedene Tiere zu bestaunen gibt. Der
weihnachtliche Baumschmuck, die Lichter und die
Projektion eines riesigen Lebkuchenhauses garan-
tieren dem Reutlinger Weihnachtsmarkt zusammen
mit einer großen Krippe seinen Wiedererkennungs-
wert.

Das Kulturamt der Stadt stellt Organisationen,
Vereinen und Schulen städtische Verkaufshäuschen
und Infostände zur Verfügung, sodass auch hier wieder eine Plattform für bewusstseinsfördernde In-
halte geschaffen wird – eine Herzensangelegenheit
der Reutlinger*innen. Nicht umsonst trägt ihre Stadt
seit dem 3. Mai 2002 stolz die Auszeichnung „Fairt-
rade-Stadt." Der gemeinnützige Verein TransFair
verleiht dieses Fairness-Siegel Kommunen, die den
fairen Handel fördern und in denen die ortsansäs-
sige Gastronomie, Geschäfte und Veranstalter*innen

vermehrten Wert auf nachhaltige Produkte und Aufklärungsarbeit legen. Vom gut sortierten Weltladen bis zu den, von der Diakonie Württemberg und Brot für die Welt als „Faire Gemeinden" zertifizierten, Kirchengemeinden, ist Reutlingen von diesem Geist beseelt und sämtliche Akteur*innen arbeiten auf verschiedenen Ebenen daran, ihre Ideale von einer gerechten Welt im Alltagsleben zu verwirklichen.

Reutlingen für alle Sinne

ESSEN UND TRINKEN

Reutlingen hat kulinarisch einiges auf dem Kasten und hält für eine große Bandbreite an Gelüsten das passende Angebot bereit, sei es die duftende Tasse frisch gerösteten Kaffees zum gemütlichen Nachmittagsplausch in einem der vielen Cafés und urigen Konditoreien, etwas Herzhaft-Wärmendes auf die Hand beim herbstlichen Bummel durch die Altstadt oder ein prickelnder Aperitif in den letzten Sonnenstrahlen im Biergarten, Feinschmecker*innen kommen hier voll auf ihre Kosten. Erlesene Weine aus der Region,

Spezialitäten-Menüs und Hausgemachtes, internationale Küche oder doch etwas Süßes? In Reutlingen haben Sie die Qual der Wahl.

Die folgenden Vorschläge sind eine, nach Gelegenheiten sortierte, Zusammenstellung aus Erfahrungsschätzen, Geheimtipps und der lokalen Bestenliste.

Cafés

Arabica Kaffee & Lebensart

In der Oberamteistraße 6 befindet sich inmitten der historischen Altstadt Reutlingens das Café Arabica, wo seit 20 Jahren feinster Kaffee in über 30 verschiedenen Sorten ausgeschenkt und verkauft wird. Viele Angebote und Produkte rund um die Kaffeekultur machen das gemütlich verwinkelte Plätzchen auch zur beliebten Anlaufstelle für alle, die auf der Suche nach Geschenken und exquisiten Leckereien sind. Tipp: Unbedingt aus der Pralinen-Vitrine eine der dargebotenen kleinen Köstlichkeiten zur dampfenden Tasse Kaffee genießen.

Nepomuk

Das Nepomuk steht für selbstverwaltete, alternative und familiäre Gastronomie. Es beheimatet neben dem Café, in dem man jeden Sonntag bei Livemusik lecker brunchen kann und ansonsten auch rund um die Uhr in den Genuss fair gehandelten Kaffees und selbstgebackenen Kuchens kommt, einen lauschigen Biergarten. In dem Lokal, das sich im Nebengebäude des Kulturzentrums Franz.K (Unter den Linden 23) als feste Größe etabliert hat, wird zudem mittags und abends eine Auswahl vegetarischer Speisen gereicht. Das Kulturprogramm kooperiert teilweise mit den Veranstaltungen im Franz.K, oft als Vorabendveranstaltung konzipiert, finden hier dann beispielsweise die inklusive Disko, oder aber Ausstellungen und Vorträge statt.

Benz Mode-Café

In der Oberamteistraße 8-12, direkt neben dem Café Arabica, bietet seit 2015 das Benz Mode-Café ein ganz besonderes Angebot: Shopping bei Kaffee, Wein und hausgemachten kleinen Köstlichkeiten. Eine Seite des Cafés ist in einem alten Raum mit den vielen heimeligen Holzbalken komplett für

Damenmode und Accessoires verschiedener Marken reserviert, die kunstvoll zur Schau gestellt sind. Der kulinarische Bereich schließt direkt daran an und lädt zu einem Einkaufserlebnis für alle Sinne ein.

Genießerscheune

Diese liebevoll mit dem Auge fürs Detail restaurierte Scheunen-Lounge in der Leyrenbachstraße 39 in Reutlingen-Betzingen verspricht Hochgenuss auf Feinkostniveau. Regionale Produkte, teilweise von jungen und kreativen Start-Ups, teils traditionsreiche Evergreens wie Alblinsen, Käse aus dem Lautertal oder Nudeln aus ortsansässiger Manufaktur, ergänzen italienische Spezialitäten wie selbstgepresstes Olivenöl, Antipasti in Bioqualität und luftgetrockneten Schinken und Salami aus der Toskana.

Das angegliederte Café lebt ebenso den Slowfood-Gedanken. Serviert werden hier fair produzierter Kaffee und Milch, erfrischende Getränke, Eis, Mini-Kuchen und andere Desserts aus Eigenherstellung, die auf der Zunge zergehen. Bei kälterem Wetter steht den Gästen die beheizte Scheune zu Verfügung, bei Sonnenschein können Sie es sich auch im Außenbereich vor den Scheunentoren am

Leyrenbach gemütlich machen.

Kaffee-Fleck

Die Kaffeerösterei Kaffee-Fleck besteht aus einer Espresso-Bar und einem Ladengeschäft, in dem rund um die Uhr in einem individuellen Prozess geröstet wird und wo alle Fragen, die Ihnen schon immer über das Geschmackserlebnis Kaffee, seine Qualität, Röstungs- und Zubereitungsverfahren auf der Zunge gebrannt haben, eine professionelle und anschauliche Antwort erwartet. Aus nachhaltigem Anbau und fairem Handel gewonnenes Rohmaterial tut sein Übriges, um dem Versprechen des Kaffee-Flecks gerecht zu werden, Espressogenuss fernab von standardisierter Massenware zu bieten. Daneben werden feine, handgeschöpfte Schokoladen und edle Weine verkauft. Sie finden den Kaffee-Fleck in der Kanzleistraße 8.

Bars

Vis-à-Vis

Bar, Café, Kneipe, Restaurant – im Vis-à-Vis in der Wilhemstraße 105 verschwimmen seit 1983 die Grenzen. Fairtrade, regional und biologisch sind die meisten Speisen und Getränke sowieso, der Rest des

Konzeptes besticht durch unaufgeregte Gemütlichkeit mit Zuhause-Feeling in Französisch angehauchtem Flair. Die Mitarbeiter*innen nehmen sich immer Zeit für den persönlichen Kontakt und bringen ihre eigenen Persönlichkeiten mit ein. Von morgens bis abends lädt das Lokal angestammte wie neue Gäste zum Verweilen ein- im Sommer besonders abends eine lohnenswerte Anlaufstelle, wo sich im Straßencafé eine Erfrischung in heimeliger Atmosphäre genießen lässt.

Alexandre

Die Brasserie Alexandre ist die Adresse für gute Cocktails in Reutlingen. Groß, modern und mit allen Annehmlichkeiten ausgestattet, lässt das Alexandre auch tagsüber vom Frühstücks- und Brunch-Buffet, wechselndem Mittagstisch bis zu vielfältigen Snacks keine Wünsche offen, doch besonders in den Abendstunden füllt sich die Location mit fröhlichen Feierabend-Gästen. Ein perfekter Treffpunkt für Gruppen, unübersehbar am Reutlinger Marktplatz gelegen. Für Live-Musik und einen abgetrennten Raucher*innen-Bereich ist gesorgt.

Mezcalitos Cantina y Bar

Obere Wässere 1: Tex-Mex-Highlights und Cocktails auf der Terrasse des Mezcalitos direkt am Fluss, ein Hochsommertraum. Besonders der exquisite Tequila ist zu empfehlen! Im Restaurant locken Steaks, Tapas und die besten Burritos der Stadt. Das bunte, pulsierende Lokal ist am Wochenende der beste Ausgangspunkt für alle, die die Feierlaune packt.

Kali

Das Kali finden Sie in der Pfäfflinshofstraße 2 in Reutlingen. Das ehemalige Gebäude der Kammerlichtspiele (daher die Abkürzung Kali) bietet eine ansprechende Kulisse für Ihr Feierabendbier, saisonal ergänzt durch Cocktails oder Glühwein, und überzeugt ganz nebenbei mit kreativen Partyservices wie einer Eventküche und Oldtimer-Verleih.

Restaurants

Hola Oli Tapas Naturales (Spanisch)

Die historische Stadtmauerstraße in Reutlingen hat noch mehr zu bieten als Geschichte. Diese Tapas sind nur zu empfehlen! Für Veganer*innen gibt es reizvolle Angebote darüber hinaus, etwa einen spanischen Kartoffel-Wirsing-Eintopf mit Kokosraspeln und Chilifäden. Das ofenfrische Ciabatta dazu ist ein Gedicht.

Lotus (Chinesisch)

Das Lotus in der Seestraße 38 ist das beste China-Restaurant in Reutlingen, sowohl geschmacklich als auch bezüglich des feinen Ambiente. Die gehobenen Preise sind bei dem hochkarätigen Genuss allemal angemessen und prädestinieren das Restaurant für festtägliche Besuche.

Cucina Della Mamma (Italienisch)

Pizza, Pasta und Meeresfrüchte nach italienischem Originalrezept bekommen Sie in der Gartenstraße 50 in der winzigen Trattoria mit authentisch-mediterranem Setting und unwiderstehlichen Düften serviert, die nicht nur die Kinobesucher*innen um die Ecke zu einem spätabendlichen Besuch verführen. Alle Speisen werden frisch und in Sichtweite zubereitet. Tipp: unbedingt die exzellente Lasagne probieren!

Himalaya (Indisch)

Im Restaurant Himalaya (Hermann Hesse Straße 78) erwarten Sie indische Spezialitäten aus dem Tandoor-Ofen, würzige Reisgerichte mit frischen und knusprigen Beilagen und leckeres Fladenbrot. Eine tolle Location für große Gruppen, bei der alle auf ihre Kosten kommen.

Gasthof Achalm (Deutsch)

Das Hotelrestaurant Achalm bietet eine unvergleichliche Aussicht auf die Stadt und seine Außenterrasse bietet sich daher nicht nur nach einer Wanderung zum Achalmturm zum Verweilen an. Auch für Geschäftsevents oder private Feiern, bei denen sich hier neben gehoben ausgestatteten Hotelzimmern, Seminar- und Sitzungsräume anmieten lassen, ist diese Adresse empfehlenswert. Kulinarisch gut aufgestellt mit traditionellen deutschen Gerichten und einer exzellenten Weinauswahl punktet das Achalm-Restaurant mit leckeren Buffets oder Menüs a la carte.

Kebap Häusle (Türkisch)

Das Kebap Häusle am Weibermarkt 10 überzeugt mit frischem, gesundem und ausgefallenem Fast-Food in gemütlicher Umgebung, ganz ohne Leuchtreklame und Plastikmobiliar. In kürzester Zeit konnte sich der Imbiss zum Reutlinger Geheimtipp in Sachen Döner, Salat und sogar Pizza aufschwingen, was vor allem an Zutaten wie frischem Rucola, Sesampaste, veganem Fleischersatz und knackigem Grillgemüse liegen dürfte, die das Kebap Häusle von anderen Kebap-Restaurants abhebt.

Friedrich's (Schwäbisch)

Im Restaurant Friedrich's im Listhaus (Wilhemstraße 64-68) wird schwäbisch gekocht. Neben literarischer Nahrung im Buchladen des Listhauses finden Sie damit auch die herzhafte bis milde, aber immer authentisch-traditionelle Küche des Schwabenlandes in besonders begeisternder Ausführung vor: Selbstgemachte Maultaschen, klassischer Rostbraten und feinsäuerlicher Kartoffelsalat mit frischen Kräutern und Salaten vom Wochenmarkt sind nur ein Bruchteil des schmackhaften Menüs.

UNTERHALTUNG, MUSIK, AUSGEHEN

In Reutlingen wird einem einiges geboten, man muss nur wissen, wann und wohin es sich lohnt, das Augenmerk zu richten. Qualitativ hochwertiges Schauspiel, Musik und Kultur wird in Reutlingen oft an unerwarteten Orten erlebbar, und wer in Tanzlaune kommt, der findet auch immer den geeigneten Ort, sich auszuleben. Trotzdem empfiehlt sich ein planvolles Vorgehen, um genau die richtige Nische für sich entdecken zu können. Dazu sollen die folgenden Vorschläge die nötige erste Orientierung im Nachtleben Reutlingens bieten.

Kino

Programmkino KAMINO

Gegründet 2013 von über 200 Mitgliedern einer Genossenschaft, als deren Mitglied noch immer Anteile und damit Mitgestaltungsmöglichkeiten am und im Programmkino erworben werden können, bietet das KAMINO kulturell hochkarätiges Filmprogramm in dem modern ausgestatteten Alternativ-Kino auf dem Wendler-Areal (Ziegelweg 3) und ist immer einen Besuch wert.

Cineplex Planie

Kontrastprogramm ist im Planie-Kino angesagt, wo Mainstream-Blockbuster und aktuelle Kinohits rauf- und runterlaufen. Egal ob 3-D-Erlebnis oder Kinder- kino, hier bleibt kein Auge trocken, und vor allem für Jugendliche ist das Cineplex beliebte Anlaufstelle und Treffpunkt in Reutlingen.

Theater/Kabarett

Theater Reutlingen Die Tonne

Wer das Theater dem Kino vorzieht, dem sei Die Tonne ans Herz gelegt, ein seit den 1950ern beste- hendes Theater, in dem rund 260 Aufführungen ver- schiedener Stücke jährlich über die Bühne gehen. Als gGmbH wird es von der Stadt und dem Landkreis Reutlingen, sowie dem Theaterverein Reutlingen ge- meinsam getragen. Das neue Gebäude auf dem Ge- lände der Listhalle erstrahlt in frischem Glanz und bietet dem ehrgeizigen und bereichernden Projekt die angemessene Repräsentationsfläche. Immer wieder wagt die Truppe des Theaters unter der Lei- tung des Intendanten Enrico Urbanek ungewöhnli- che und innovative Kooperationen, sei es in Theater- gruppen mit Menschen mit und ohne Behinderung (inklusive theaterpädagogischer Schulungen), bei

Stücken, in denen Interkulturalität und Begegnungs-
räume im Vordergrund stehen, oder in der Organi-
sation des beliebten Senior*innen-Theaters. Die
Spielstätte Spitalhofkeller, ein mittelalterliches Na-
tursteingewölbe, sei Besucher*innen besonders
empfohlen. Diese besondere Location, die gerade So-
lostücken oder musikalischen wie kammerspielarti-
gen Inszenierungen eine ganz eigene und unver-
kennbare Prägnanz und Intimität verleiht, lässt
keine Distanz zwischen Publikum und Darstellenden
aufkommen und sichert Ihnen einen Platz mitten im
Geschehen.

Patati-Patata

Dieses professionelle Kinder- und Jugendtheater befindet sich in freier Träger*innenschaft und gibt
seine Vorstellungen an verschiedenen Spielstätten,
eine davon ist die Bühne des Tonne-Theaters. Die
andere Kooperation besteht mit dem franz.K und
eine weitere feste Basis existiert im benachbarten
Tübingen, im Sudhaus, einem imposanten Kultur-
und Veranstaltungszentrum am Stadtrand. Alle Stücke sind also „mobil" spielbar, was das Patati-Patata
auch für Schulen und Kindergärten buchbar macht.

In theaterpädagogischen Angeboten oder bei den regelmäßigen Schnuppertagen können Kinder und Jugendliche auch selbst Theater spielen lernen. Der Förderverein des Theaters macht unter dem Namen „Theater ohne Grenzen" Programm und engagiert sich in Austausch- und Städtepartnerschaften sowie interkultureller Stadtteilarbeit. Projekte mit Familien Geflüchteter in Reutlingen finden sehr großen Anklang.

Naturtheater Reutlingen

Die Freilichtbühne in Reutlingen wird ebenfalls vom Theaterverein maßgeblich gestaltet, mit einem Beginn der Vereinsgeschichte, der ins Jahr 1863 datiert wird. 2018 feierte die Freilichtbühne ihr 90-jähriges Bestehen als semiprofessionelles Amateurtheater mit großem Potenzial und der aufregendsten Kulisse. Jährlich finden hier im Sommer die Wasenwaldfestspiele statt, ein Zeitraum, in dem das Programm für Konzerte und andere kulturelle Veranstaltungen für die ganze Familie erweitert wird. Zur Theateranlage, einer neuen und preisgekrönten Halle für die Zuschauer*innen aus Holz mit über 1000 Plätzen und Blick ins Freie, zählen zudem ein großer Kostümverleih und die Vereinsgaststätte „Waldesslust", die im Herbst selbst Spielstätte einiger Stücke ist. Auch ein Mitternachts-Special begeistert an einigen Tagen im Jahr mit einer stimmungsvollen Spätvorführung im Wald.

Clubs

franz.K

Das franz.K ist Allroundtalent, was seine mehrmalige Erwähnung unumgänglich macht. An dieser Stelle dürfen Sie sich nun noch einmal gezielt aufs Party-Potenzial der soziokulturellen Location im ehemaligen französischen Garnisonskino einlassen. Das franz.K bietet vor allem feinsten Rock, Pop, Hip-Hop, Weltmusik und Jazz, und das auch gerne mal im ungewöhnlicheren Rahmen, wie etwa bei Songwriter-Konzerten, im Anschluss an Poetry Slams, untermalt von audiovisuellen Kunstformen, oder als Teil politischer Thementage. Gleichberechtigung und eine Wohlfühlatmosphäre stehen dabei immer und für alle im Vordergrund, egal welchen Geschlechts, Alters, Herkunft und Fähigkeiten. Das franz.K versteht sich als Träger einer inklusiven und integrativen, fairen Feierkultur und ist damit mit einem anderen Verein zusammen zukunftsweisender

Vorreiter für Verantwortungsbewusstsein und Achtsamkeit in der Reutlinger Clubszene. Damit kommen wir thematisch auch schon zur nächsten Reutlinger Institution, die mit dem franz.K in einem Atemzug genannt werden muss:

Zelle

Die Zelle (genauer: Kulturschock Zelle e.V.) ist ein autonomes Zentrum, das sein Entstehen folgendermaßen beschreibt: „Zwischen Industrie, Kleinbürgerlichkeit und kommerzieller Pseudokultur erwachte vor über 40 Jahren die Zelle. Damit war die Basis einer kulturellen Alternative in der kleinen schwäbischen Großstadt Reutlingen geschaffen." Alternativ bedeutet hier konsumkritisch, antikapitalistisch, selbstverwaltet und damit unabhängige Kultur schaffend. Der Zelle geht es darum, ihren Besucher*innen einen hierarchie- und diskriminierungsfreien Raum zur kreativen Entfaltung zu bieten. Sie schafft es, die Stimmung ihrer Gäste und Mitarbeiter*innen zum Beispiel bei der regelmäßigen Kult-Veranstaltung „unheiligen Nacht" auf den Höhepunkt und manchmal sogar zum Überkochen zu bringen. Legendäre Goa-Parties mit beeindruckender, handgemachter Dekoration im kleinen, zweistöckigen Galerie-Gebäude der Zelle selbst, sowie drum herum auf der Echaz-Insel, die zur entspannten Lounge wird, oder der wöchentlich stattfindende Donnerstagstanz mit verschiedenen musikalischen Highlights, haben die Zelle längst zur überregionalen Berühmtheit werden lassen. Kultur und Gegenkultur, politischer Aktivismus, Solidarität und gute Musik, dafür steht die Zelle in Reutlingen gegen alle Widerstände. Unbedingt vorbeischauen!

P&K Tanzbar

RnB, House und Charts erwarten Sie in den holzvertäfelten Hallen der P&K Tanzbar. Stimmungsvoll beleuchtet und eingerichtet, mit einer soliden Cocktailbar ausgestattet und am Wochenende bevölkert von feierwütigen, gut gelaunten Menschen, ist das P&K ein lohnenswertes Ziel für Ausgeh-Gestimmte.

Area 14

Die Area 14 vereint 4 Clubs und Lounges unter ihrem Dach: Den Pflaumenbaum, The Mad Coyote, Prisma und Holy21´s.

Im Pflaumenbaum können Sie in rustikaler

Atmosphäre zu den Hits der 80er und 90er, aktueller Chartmusik und angesagten Schlager- und Partyhits in eine klassische Partynacht starten. Im angrenzenden Atelier ist Raum für entspannte Gespräche bei einem Drink und einer Zigarette.

Das Mad Coyote ist extravagant eingerichtet und verfügt neben einer großen Bar über eine Empore über der großzügigen Tanzfläche. HipHop, RnB, Oldschool, Reggaeton, House und Electro sorgen für Stimmung!

„Ob Premium HipHop, the finest in RnB & black music, mainstream oder Klänge verschiedenster Kulturkreise aus der ganzen Welt, im Club Prisma kommt musikalisch absolut jeder auf seine Kosten. Stilvolle Kronleuchter, eine moderne Laseranlage, 4 VIP-Loungebereiche und moderne Akzente sorgen hier für ein einzigartiges Partyerlebnis", verspricht das Prisma, der größte Club unter den vieren.

Holy 21's Beach schlägt ruhigere Töne an. Neben den Loungebereichen findet sich hier eine kleine Strandanlage mit Beach-Bar auf der Dachterrasse des Gebäudes, die es im Sommer tatsächlich schafft, ein wenig Strand- und Urlaubsfeeling in Reutlingen zu zaubern. Drinks und Shishas runden zusammen mit dem passenden Karibik-Sound das Erlebnis ab.

Kneipen/Spiellokale

Woodys

Spiele von Billard, Darts und Tischkicker bis ausgefallene Automatenspiele, inklusive Turnieren, machen zusammen mit Beamern, Leinwänden und Bildschirmen für ausgiebiges Public Viewing der aktuellen Sportevents, aus dem Woodys eine American Sportsbar mitten im Schwabenland. An der Bar bekommt man neben nichtalkoholischen Getränken „die größte und exklusivste Bierauswahl in der Region" und eine überraschend große Bandbreite an Gins und Tonics geboten, die selbst kritische Feinschmecker*innen befriedigen. Gelegentlich finden Rock-Konzerte lokaler Bands statt.

Irish Pub

Guinness und Cider vom Fass, Rockmusik in uriger Atmosphäre und ein nettes, entspanntes Publikum finden Sie im Irish Pub. Besonders an Pub-Quiz-Abenden machen diese Faktoren den zentral gelegenen Irish Pub zu einem attraktiven Ziel für einen unterhaltsamen Abend. Dann wird gemeinsam geraten und verschiedene Gruppen treten in Fragen der aktuellen Politik und Unterhaltung gegeneinander an, um eine kleine Geldsumme zu gewinnen.

Kaiserhalle/Kohla

Ihre Lage in der Kaiserstraße verlieh der Kultkneipe einst ihren Namen. Im Inneren ist weit und breit nichts von schniekem Glanz zu sehen. Ganz im Gegenteil, wer die Kaiserhalle mag, schätzt an ihr den (nach)lässigen alt-80er-St. Pauli-Charme. Bei guter und lauter Rockmusik oder einem montäglichen Karaoke-Abend lässt es sich hier wunderbar hemmungslos versacken, zusammen mit den originellsten und sympathischsten Reutlinger Urgesteinen. Eins davon ist Kneipier Wolfgang Kohla selbst. Nur durch ein Berufsverbot als Lehrer in den 1970er Jahren (es wird gemunkelt, seine kommunistische Überzeugung sei der Grund gewesen) wurde er damals Wirt in der Kaiserhalle und hat seitdem alle Veränderungen und Umbrüche in der Kneipenszene miterlebt und kann sogar von der ein oder anderen aufregenden Begegnung mit berühmten Persönlichkeiten erzählen.

Hausbrauerei Barfüßer

Motto der Barfüßer Brauerei: „In vino veritas, in aqua claritas, im Hopfensaft ist auch etwas!" Bei schönem Wetter ist hier ultimatives Biergarten-Feeling mit den naturtrüben Bierspezialitäten des Hauses möglich. Der Gastraum ist großzügig und freundlich, und wem es nach bayerischen oder schwäbischen Schmankerln zum Bier gelüstet, der wird mit zünftigen und saisonalen Kleinigkeiten aus der Küche verwöhnt. Von Montag bis Freitag gibt es auch einen wechselnden Mittagstisch, falls der Feierabend einmal vorverlegt werden darf.

ÜBERNACHTEN IN REUTLINGEN

Luxuriös, gutbürgerlich, ausgefallen oder preiswert - in Reutlingen finden sich mehr Übernachtungsoptionen als es zunächst den Anschein erweckt. Wenn Sie auf der Suche nach der passenden Unterkunft für einige Tage oder Nächte in Reutlingen sind, werden Ihnen die folgenden Ideen für einen rundum gelungenen Aufenthalt sicherlich dabei helfen, Präferenzen und Budget sinnvoll abzuwägen. Generell heißt hier günstig nicht immer, dass auf Komfort verzichtet werden muss. Im Gegenteil, wer eine gesamte Privatunterkunft mitten im Reutlinger Alltagsgeschehen bevorzugt, kann immer noch mit kleinerem Geldbeutel reisen als bei der Unterbringung in einem schicken Hotelzimmer in exponierter Lage und dabei erst recht voll eintauchen ins Reutlinger Leben. Wenn Sie dagegen bewusst ein wenig über den Dingen schweben möchten, ist diese Investition natürlich sinnvoll angelegt. Tipps für studentisches Low-Budget-Übernachten in Reutlingen folgen am Ende der Auflistung und sind das Objekt der Wahl echter Entdecker*innen.

Hotels und Herbergen

Achalm Hotel

Das Achalm Hotel und Restaurant, bereits vorge-
stellt bei den kulinarischen Empfehlungen, führt in
Sachen luxuriöser und kompromisslos bequemer
Übernachtung unter Preis-, aber auch Aussichts-Ge-
sichtspunkten. Wer den unschlagbaren Blick über
Reutlingen und zugleich die naturnahe Lage schon
morgens beim Aufwachen nicht missen will und wer
zudem die Annehmlichkeiten eines SPA-Centers,
Sauna und Pools begrüßt, kann hier ab 190 € pro
Nacht ein Zimmer für zwei Personen mieten. Ein leckeres Frühstücksbuffet gibt es inklusive und eine
kleine Wanderung den Hügel der Achalm hinunter in
die Stadt kann bei gutem Wetter bereits als Teil eines Ausflugs betrachtet werden. Alles in allem der
perfekte Start in den Tag.

Stadthotel Reutlingen

Im Zentrum der Altstadt, nur zwei Gehminuten vom
ZOB entfernt, befindet sich das Stadthotel. Eine Ter-
rasse und Gemeinschaftslounge schaffen Begeg-
nungsräume unter den Gästen. In den gemütlichen
Zimmern steht Fernsehen und Internet zur freien
Verfügung. Aus einigen Fenstern ist auch hier ein

guter Stadtblick gewährleistet und ein kleines Restaurant sorgt für die Verköstigung vor Ort. Für 95 € ist hier ein Doppelzimmer zu haben. Wer kurze Wege, Altstadtcharme und soliden Service schätzt, ist hier richtig!

Hotel Restaurant Klostermühle
In der alten Mühle in der Neckartenzlinger Straße hat es das historische Klostermühlen-Hotel zu regionaler Berühmtheit gebracht. Das schwäbische Familienunternehmen bietet hier helle, stilvolle, holzvertäfelte, kleine Zimmerchen in dem alten Fachwerk-Kleinod, zusammen mit einem variierenden, traditionellen Bauernfrühstück für durchschnittlich 85 € pro Nacht, an. Regionale Speisen und erlesene Weine können auch im Außenbereich genossen werden. Tiefer und erholsamer Schlaf ist in diesen weichen Betten und der heimeligen Atmosphäre garantiert!

Alternativen
WachtRaum Reutlingen – Gasthaus
Das Gasthaus WachtRaum verspricht unkomplizierte, unbürokratische und auf individuelle Bedürfnisse zugeschnittene Gemütlichkeit. Allen, die diese

Faktoren einem klassischen Hotel vorziehen, sei das WachtRaum voller Überzeugung ans Herz gelegt.

Die Einschränkungen zuerst: Hier wird kein Frühstück serviert und die Unterkunft ist nicht familiengeeignet. In den vier zur Auswahl stehenden Zimmern ist kein Kinderbett unterzubringen. Dafür erwartet Sie hier die allerschönste und romantischste Einrichtung! Der Charakter des ursprünglichen Stadthauses in der Reihe der alten Stadtmauerhäuser wurde trotz vollständiger, liebevoller Renovierung beibehalten und die unmittelbare Nähe zum Wachtturm Tübinger Tor steigert das historische Flair noch zusätzlich. Die Eigentümerin Sheila Streithoff sagt zu ihrer Unterkunft: „Mein oberstes Ziel ist es, Dir als einzigartigen Menschen eine einzigartige Möglichkeit der Übernachtung zu bieten. Unkonventionell und freundlich freue ich mich auf jeden von Euch!" Doppelzimmer gibt es hier für durchschnittlich 90 €.

Airbnb

„Airbed and Breakfast"- Luftmatratze und Frühstück, das waren die Anfänge des Erfolgsmodells Airbnb. Das Konzept: Private Hosts bieten Gästen entweder Schlafgelegenheiten, einzelne Zimmer in ihrer Wohnung oder aber die gesamte Unterkunft, zur Nutzung für einen bestimmten Zeitraum an. Was angeboten wird, ist über die Webseite von Airbnb einsehbar und kann dort direkt gebucht werden. Die Preise können sehr unterschiedlich sein. Wenn die Unterkunft während des Aufenthalts mit den Bewohnern geteilt wird, ist diese Art zu reisen natürlich zugleich enger Verbindung zum Alltagsgeschehen verbunden. Gemeinsame Aktionen und die ein oder andere Stadtführung, mindestens aber die wertvollsten Insider-Informationen sind im Airbnb definitiv die großen Pluspunkte. Wenn Sie mit der Familie unterwegs sind, profitieren Sie auf diesem Weg von preisgünstigen Angeboten ganzer Wohnungen, in denen Sie nach Herzenslust den Tagesablauf selbst strukturieren, die Kochgelegenheit nutzen und sich tatsächlich wie zuhause fühlen können. Lieber ein bisschen außerhalb des Stadt-Trubels und dafür in der Natur und mit Garten? Kein Problem, denn auch in der Umgebung von Reutlingen bieten immer mehr lokale Gastgeber*innen ihre Wohnungen oder Häuser an. Achten Sie einfach auf eine gute öffentliche Verkehrsanbindung, dann müssen

Sie auch ohne Auto nicht auf Ihre Mobilität verzichten. Im Gegenteil, oft verleihen Hosts großzügig ihre Fahrräder und versorgen Sie mit Empfehlungen und Anlaufstellen in der fußläufigen Umgebung. Ein wunderbarer Ausgangspunkt auch für Wanderungen auf der Schwäbischen Alb!

Couchsurfing

Couchsurfing zählt in Reutlingen und näherer Umgebung über 500 Mitglieder, die ihre Couch oder eine Matratze im Gegenzug für freundliche und offene Begegnungen mit Reisenden anbieten. Vertrauensvorschuss inklusive! Diese moderne Form unkommerzieller Gastfreundschaft setzt Flexibilität und kommunikative Planung voraus und ist sicherlich mit Einschränkungen der Privatsphäre verbunden. An deren Stelle tritt lebensnaher Kontakt und die Erfahrung echter Gemeinschaftlichkeit. Nicht selten entstehen echte Freundschaften aus Couchsurfing-Begegnungen, die vielleicht sogar einmal in einem Gegenbesuch auf der eigenen Couch münden, die Gelegenheit, sich für die erfahrene Herzlichkeit erkenntlich zu zeigen. Couchsurfing bietet sich vor allem für Alleinreisende und kurze Zeiträume von wenigen Nächten an. Einfach in der Community registrieren und rechtzeitig nach einem/einer passenden Gastgeber*in Ausschau halten, damit noch genug Zeit bleibt, alle Einzelheiten abzuklären. Tipp: In Wohngemeinschaften ist die Wahrscheinlichkeit groß, Menschen mit ähnlichen Interessen zu finden und sich bei gemeinsamen Aktionen einfach anschließen zu können! Auch die Möglichkeit, ohne eigenen Schlüssel zu verschiedenen Zeiten flexibel in die Wohnung zu kommen, sind bei mehreren Bewohner*innen größer.

Sehenswürdigkeiten & Geheimtipps

D amit Sie sich in Reutlingen ein tolles Sightseeing-Programm zusammenstellen können, sei an dieser Stelle nochmals die Aufmerksamkeit auf die geschichtsträchtigen Überbleibsel vergangener Zeiten gelenkt, die stummes Zeugnis einer bewegten Stadtgeschichte sind und unbedingt einen Besuch wert sind. Nicht immer stolpern Gäste Reutlingens direkt über sie, aber gerade das Wissen um die mit ihnen verbundenen Geschehnisse macht die Suche nach den Orten des jeweiligen

Interesses so reizvoll.

Nicht zuletzt ist Reutlingen auch Weltrekordhalter einer spannenden baulichen Besonderheit, die es hautnah zu erleben gilt.

Engste Straße der Welt

Laut Guinnessbuch der Rekorde ist die Spreuerhofstraße in Reutlingen die weltweit schmalste Gasse! 1726 nach einem Stadtbrand entstanden, misst sie an der engsten Stelle nur 31 cm, an der breitesten 50 cm. Die Gasse in der Altstadt von Reutlingen ist reizvoll verwinkelt und von alten, leicht verwitterten Gebäuden gesäumt.

Alte Stadtmauer

Die alte Stadtmauer mit den sich an sie schmiegenden historischen Stadtmauerhäusern, lässt sich in der zugleich schönsten Straße Reutlingens, der Jos-Weiß-Straße, besichtigen. Auch diese Straße ist urig und eng, die Bauten sind aufwändig restauriert. Durch die idyllischen Häuschen mit viel Pflanzengrün, Efeu und Holztüren im Kontrast zum alten Stein ringsum, verbreiten einen unwiderstehlichen Charme. Am Ende der Straße mündet die Szenerie in einem weiteren geschichtsvollen und prächtigen Relikt, dem **Eisturm**, der mit Wasserspeiern in Form einer Tiergestalt und eines Mannes verziert ist. Seinen Namen verdankt der Eisturm seiner Funktion als Eiskeller Reutlingens in den Jahren 1877 bis 1906. Heute sind technische Anlagen darin untergebracht. Es wird vermutet, dass die Befestigung der Stadt zuerst durch eine Kombination aus Wall und Wassergraben erreicht wurde, diese Art des Schutzes dann jedoch nicht ausreichte und deshalb im 13. und 14. Jahrhundert langsam einer soliden Stadtmauer wich. Durch die wachsende Bevölkerungszahl und die sich entwickelnde Verteidigungstechnik wurde sie von da an immer wieder erweitert und angepasst.

In der nördlichen Jos-Weiß-Straße befindet sich das nur noch im unteren Teil erhaltene **Zeughaus**, das sich an den **Kesselturm** anschließt. Einst diente das Zeughaus als Waffenlager und Reparaturwerkstatt für militärisches Arsenal. Zwei Inschriften am Gebäude weisen auf das Jahr 1546 als Erbauungszeitpunkt hin, das Todesjahr Martin Luthers. In der Originalfassung war ein neun Meter breiter Zwinger über dem Zeughaus geschaffen worden, eine strategische Verteidigungsmaßnahme, die im Falle eines Angriffs eine Art Pufferzone zwischen den Mauerlinien schuf und es erlaubte, Eindringlinge hier einzukesseln. Dazu gehörten zwei **Zwingertürme**, halbrunde Türme, die die Ecken der ein Meter starken Befestigungsmauer bildeten. Von ihnen ist noch einer erhalten. Er weist drei Stockwerke auf und kann besichtigt werden.

Reste der alten Stadtmauer sind außerdem noch an einigen Stellen zwischen dem **Tübinger Tor** und dem **Mühltor** zu finden, allerdings kommen sie hier weniger gelungen zur Geltung. Die beiden Tore sind allerdings durchaus sehenswert. Das Tübinger Tor wird mindestens auf das Jahr 1267 datiert.

Historische Fachwerkhäuser und sonstige architektonische Besonderheiten

In Reutlingen begegnet man, wie fast überall im südwestdeutschen Raum, überall dort, wo noch Gebäude aus vergangenen Jahrhunderten erhalten sind, den Fachwerkbauten. Dabei handelt es sich um Häuser mit einem Gerüst aus sichtbaren Balken, das gefüllt ist mit Mauerwerk. Oft sind sie zusätzlich farbig hervorgehoben und anderweitig künstlerisch verziert, mit spitzen Dächern versehen und häufig weisen sie sogar noch die typischen hölzernen Fensterläden auf. Viele original erhaltene Fachwerkhäuser sind heute Kulturdenkmäler. In Reutlingen finden sich ein paar besonders alte und einladende Exemplare von ihnen, beispielsweise im Gerberviertel (und hier vor allem in der Pfäfflinshofstraße, die der Jos-Weiß-Straße hinsichtlich ihrer Schönheit ernstzunehmende Konkurrenz macht), in der Rebentalstraße und in der Oberamteistraße. Ein Beispiel für eine besonders beeindruckende Fachwerkarbeit ist das Heimatmuseum, das unter Denkmalschutz steht. Es wurde 1278 als steinernes Haus erbaut und im Jahr 1537 zum Fachwerk umgestaltet. Die Wilhelmstraße, die zentral gepflasterte Hauptstraße, die durch die Altstadt, vorbei am Marktplatz und bis fast zum Bahnhof führt, ist von Läden gesäumt und Wochentags äußerst belebt. Die meisten der Geschäfte, Cafés und Restaurants haben sich in alten Fachwerkgebäuden eingerichtet. Ein Blick nach oben lohnt sich immer, da über der Ladenreklame oft noch der Ursprungszustand zu erahnen ist.

Zunftbrunnen

Bei der Marienkirche an der Wilhelmstraße befindet sich der Zunftbrunnen. Dieser ist noch verhältnismäßig jung. Er wurde 1983 von Bonifatius Stirnberg erschaffen, einem Bildhauer aus Aachen. Der Brunnen ist den zwölf Zünften gewidmet, die in Reutlingen einst um wirtschaftlichen und politischen Einfluss gegenüber der adeligen Obrigkeit kämpften und diesen, verbunden mit Interessensgruppen aus Handwerkervereinigungen, auch lange Zeit geltend machen konnten. Um 1500 gebildet, wurden die Zünfte 1862 offiziell aufgelöst. Rund um den Brunnen wurden sie figurativ verewigt.

Gerber- und Färberbrunnen

Der Springbrunnen am unteren Ende der Reutlinger Fußgängerzone, neben der Nikolaikirche gelegen, ist Zeuge einer jahrhundertealten Tradition und zugleich Ehrenmal für die Gerber- und Färberzunft, die später der Reutlinger Textilindustrie den Weg bereitet hat. Einige Hinweise lassen noch heute erahnen, dass besonders die Gerber in Reutlingen eine große Rolle spielten. Neben dem Gerberviertel sind das vor allem die Straßennamen Untere und Obere

Gerberstraße. Kaum bekannt ist außerhalb Reutlingens, dass in der Gerberschule, die bis vor einigen Jahren in Ledertechnik ausbildete, lange eine uralte Tradition gepflegt wurde. Nach dem Bestehen der Prüfung zum Gerber durchliefen die Lehrlinge eine Taufe im Gerber- und Färberbrunnen. Das festliche und fröhliche Treiben führte oft dazu, dass ein größerer Personenkreis aus Freund*innen, Familie und Bekannten ebenfalls im kalten Nass der Fontänen endete. Im Winter wurde für diesen Anlass sogar extra das Wasser des Brunnens erwärmt, was aber die Erkältungsgefahr nur minimal verringert haben dürfte.

Kirchen
Marienkirche
Die Marienkirche, Zentrum der evangelischen Gemeinde Reutlingens, gilt als eine der bedeutendsten gotischen Sakralbauten in Württemberg. Zwischen 1247 und 1343 errichtet, erlangte sie zwischen 1521 und 1548 überregionale Bekanntheit als Wirkungsort Matthäus Albers, der als schwäbischer Reformator gilt, weil er den Reformgedanken Luthers von Reutlingen aus über den gesamten südwestdeutschen Raum verbreitete.

1726 fielen große Teile der Stadt einem verheerenden Brand zum Opfer. Dieses Schicksal traf auch die Marienkirche, von der danach nur noch das spätgotische Heilige Grab und ein Taufstein von 1499 unversehrt waren. Es sollte eineinhalb Jahrhunderte dauern, bis eine umfassende Restaurierung begonnen und abgeschlossen werden konnte. Seit 1901 erstrahlt sie wieder im neugotischen Stil und wurde 1988 zum nationalen Kulturdenkmal Deutschlands ernannt.

Nikolaikirche

Der wahrscheinlich gleiche Baumeister, der die Sakristei der Marienkirche errichtete, entwarf 1358 die Pläne für die Nikolaikirche. Sie sollte symbolisch als Dank- und Sühnezeichen der Überlebenden der großen Pest von 1348 dienen. Die Reutlinger Zünfte ließen das schlichtere Gebäude später dem Heiligen Nikolaus weihen, was ab 1914 eine an der Außenwand angebrachte Skulptur des Nikolaus verdeutlichte. Der Schutzpatron gilt als Fürsprecher und Unterstützer der Reisenden, Armen, Fremden und Kinder. Im Gegensatz zur Marienkirche überstand die Nikolaikirche den Stadtbrand von 1726, bis auf die

Zerstörung des Daches und Glockenstuhls, fast unbeschadet, obwohl die Gebäude der Innenstadt ringsum schwer betroffen waren. So konnte die Nikolaikirche lange Zeit als Ersatz für die Marienkirche dienen, wenn auch mit leicht eingeschränkten Funktionen, da die Glocken nicht mehr läuten konnten. Stattdessen kam eine Trommel zum Einsatz, um die Gläubigen zum Gebet zu rufen. Regelmäßig wurde am 23. September als Jahrestag des großen Feuers in einer Brandpredigt an die Verluste erinnert.

Nach einiger Zeit als Warenlager der Stadt, zu dem die Nikolaikirche nach dem Wiederaufbau der Marienkirche geworden war, beschloss der damals herrschende König, dass die langsam größer werdende katholische Pfarrgemeinde Reutlingens das Gotteshaus für ihre Zwecke nutzen sollte. Es blieb aber eine Übergangszeit, in der die Nikolaikirche diese Funktion erfüllte, denn 1910 wurde die neue Sankt-Wolfgang-Kirche katholische Hauptkirche. Die Nikolaikirche ging wieder in den Besitz der Evangelischen Kirchengemeinde über und ist es bis heute. 1945 fing sie durch Bombenangriffe Feuer, konnte aber wiederaufgebaut werden.

Freizeitaktivitäten und Ausflüge

NATUR UND WANDERN

Reutlingens attraktive Lage am Fuß der Schwäbischen Alb macht es zum Teil des Biosphärengebiets Schwäbische Alb. Neben Wien ist es damit die einzige europäische Großstadt, die zu einem Biosphärengebiet gehört.

Was macht ein Biosphärengebiet eigentlich genau aus, und worin besteht die Besonderheit der Reutlinger Teilhabe daran?

In Landschaften in Biosphärengebieten wird nach modellhaften Mitteln und Wegen gesucht, um Natur, Kultur und Ökonomie nachhaltig in Einklang zu bringen. Es werden also Möglichkeiten der

Harmonie zwischen Menschen und der Umwelt aus-
gelotet und gezielt unterstützt. Bei diesem Vorhaben
handelt es sich um eine UNESCO-Initiative, die denjenigen Regionen eine Anerkennung ausspricht, die
sich sichtbar und langfristig um ein Leben in Einklang von Entwicklung und heimischer Kulturlandschaft bemühen. Was diese Kulturlandschaft aus-
zeichnet, muss einzigartig in Deutschland sein. Der
Schwäbischen Alb wurde das Zertifikat als Biosphärengebiet 2009 verliehen. Seither hat sich unter den
strengen Auflagen der UNESCO und der Förderung
von partnerschaftlichen Strukturen in der Region
viel Positives erreichen lassen. Alle Biosphärenge-
biets-Partner*innen müssen mit ihren Betrieben
und Projekten hohe Qualitätsstandards erfüllen.
Dass das in Reutlingen und Umgebung erfolgreich
umgesetzt wurde, zeigt auch der Gewinn des Bun-
deswettbewerbs als „nachhaltige Tourismusdestina-
tion 2016/17", den das Biosphärengebiet Schwäbische Alb für sich beanspruchen konnte.

Die Schwäbische Alb ist ein überaus attraktives
Ausflugsziel und ein Besuch „auf dem Land" lässt immer wieder unerwartete Schätze und Genüsse entdecken. Dabei können Sie von der Kooperation der

Biosphären-Partnerschaften profitieren und auf garantierte Fairness, Regionalität und Umweltbewusstsein setzen. Ausgezeichnete Servicequalität, Bildungsangebote rund um die Region und ein gutes Gewissen obendrein erwartet Sie bei den zertifizierten Partner*innen, sei es in der Gastronomie, in Hotels, Informations- und Erlebniszentren, bei verarbeitenden Betrieben oder geführten Erkundungstouren.

Aber auch, ohne von diesen Möglichkeiten Gebrauch zu machen, lässt sich die Schwäbische Alb rund um Reutlingen erkunden. Wenn Sie sich nach einem besonders naturnahen Erlebnis sehnen und die Schönheit der Landschaften in sich aufnehmen möchten, bieten sich Wanderungen oder Radausflüge auf eigene Faust geradezu an. Erst aus dem Tal heraus, ruft der 1000 Meter hohe Albtrauf mit seinen großartigen Aussichtspunkten hinunter ins Albvorland und bei klarem Wetter bis zum Schwarzwald und den Alpen. Diese unvergleichlichen Ausblicke eröffnen sich Ihnen auf natürlichen Pfaden über weite Heideflächen, entlang klarer Gewässer und durch saftige grüne Mischwälder und spannende Gesteinsformationen wie Höhlen und Schluchten.

Die zertifizierten Wander- und Radwege sind in dem dichten Netz natürlicher und kultureller Höhepunkte, die die Gegend zu bieten hat, einheitlich ausgeschildert, so dass jede Wahl ein Gewinn ist, egal ob Tagestour oder mehrtägige Fernwanderung und unabhängig davon, welchen Landkreis Sie sich aussuchen. Göppingen, Albstadt, Meßstetten, Sigmaringen, Tübingen, Bad Urach oder doch lieber den Alb-Donau-Kreis und das Donaubergland? Die Qual der Wahl sollte gelindert werden durch einen Besuch der Biosphären-Webseite, mit deren Hilfe Sie sich nach individuellem Interesse die passenden Touren zusammenstellen können und so nur noch im Vorfeld entscheiden müssen, ob Sie zuerst die Hochalb-Pfade und Albsteige reizen, Sie sich vielleicht für Themenwege und besondere Anlaufstellen interessieren, oder eventuell doch eine Wanderung mit Kindern ansteht und Sie dafür besondere Rahmenbedingungen wählen möchten.

Radfahren wird, dank der ausgeklügelten Routen zur umweglosen Zielgeraden auf dem Weg, zu den Highlights des Reutlinger Umlands und des Biosphärengebietes. Eine beliebte Möglichkeit, sportliche Aktivität und die Einblicke ins Landleben sowie

Ausblicke in die überwältigende, ursprüngliche Natur der Alb auf die schnellere Weise, zu vereinen. Wem das Rad zwischendurch zur Last wird, der kann auf die fahrradfreundliche Infrastruktur im öffentlichen Transportwesen zurückgreifen und Teile der Routen bequem mit Bus oder Regionalbahn zurücklegen, im Sommer sogar mit speziell auf Ausflügler*innen zugeschnittenen Angeboten.

Tipp: Mit dem Rad- und Wanderbus zum Biosphärengastgeber Lagerhaus im Biosphärengebiet Schwäbische Alb Münsingen.

Die Region Münsingen ist ein traumhaftes Ziel, weil schon der Weg dorthin zuerst den Albtrauf hinauf und dann das Lautertal entlang, ein echtes Erlebnis ist und die Wacholderheiden des Gebietes zusammen mit den typischen Hangbuchenwäldern und dem samtigen Kalkmagerrasen eine ganz eigene Idylle verbreiten.

Nicht zuletzt hat Münsingen auch einige äußerst verlockende Attraktionen zu bieten. Der ehemalige Truppenübungsplatz im Münsinger Hardt gehört definitiv dazu und sollte unbedingt Teil der Tour in diese Ecke des Biosphärengebietes sein. Er und seine angrenzenden Gebiete zeichnen sich durch einen

Zustand wie im 19. Jahrhundert aus: unberührte, unbebaute Weidelandschaft, frei von den Spuren wirtschaftlicher Nutzung, machen aus ihm einen kleinen Naturpark.

Die Weitläufigkeit des Truppenübungsplatzes hat eine Initiative auf den Plan gerufen, die Fahrradfahrer*innen und denjenigen, die die Fläche zu Fuß durchqueren und am Ende trotzdem wieder zum Ausgangspunkt ihrer Tour zurückkehren wollen, Erleichterung beschert. Dreimal täglich umrundet zwischen Mai und Oktober ein Biosphären-Bus mit Fahrradanhänger das Areal und sammelt die Besucher*innen kostenlos ein. So wird es auch einfacher, vor Ort noch mehrere Aktionen unterzubringen und sich die Kräfte einzuteilen. Schließlich gibt es so viel zu entdecken!

Wer beispielsweise noch an einer Führung teilnehmen möchte, kann sich der Gruppe eines oder einer Biosphären-Botschafter*in anschließen und so weiter in Natur und Kultur vordringen, angeleitet von „echten Älblern", die ihr Wissen und ihre Erfahrung gerne teilen. In Natur- und Landschaftsführungen vermitteln sie anekdotenreich und anschaulich ihre Lebensweise und Arbeitsschwerpunkte auf der

Alb und am Albtrauf. Diese Gegend kennen die meisten von ihnen schon Zeit ihres Lebens. Umfassende Zusatzausbildungen und regelmäßige Fortbildungen qualifizieren sie außerdem als Biosphären-Profis, so dass hier die idealen Partner bereitstehen, Ihnen mit ihrer Ortskenntnis und Identifikation mit dem Umweltschutzgedanken die verborgenen Winkel und schönsten Insider-Ansichten zu präsentieren.

Wer sich für Pferdezucht interessiert oder einfach gerne den jungen Fohlen auf der Weide beim Toben zuschaut, für den ist auf der Münsinger Tour der Besuch eines der insgesamt 15 Informationszentren sicherlich von Mehrwert. Das Zentrum im Haupt- und Landesgestüt Marbach, 5 Kilometer von Münsingen entfernt im Lautertal gelegen, ist der geeignete Startpunkt für weitere Unternehmungen, da hier die Vielfalt der lokalen Angebote und die besondere Geschichte von Institutionen erkundet werden kann und sich so langsam ein Bild zusammensetzt. Andere Informationszentren, wie das im umgebauten Naturschutzzentrum Schopflocher Alb, das sich auf die Vulkane vor Ort spezialisiert hat, oder das Freilichtmuseum Beuren, das vor allem über schwäbisch-bäuerliche Traditionen-Auskunft gibt, haben

sich auf andere Schwerpunkte festgelegt. Der Lern-
prozess und das Verständnis für Land und Leute ist
komplex und verspricht langanhaltende Spannung.

Die kulinarische Empfehlung auf Ihrem Ausflug
ins Biosphärengebiet Münsinger Alb ist ganz eindeu-
tig das Lagerhaus an der Lauter. Der Biosphärengastgeber hat sich, wie andere Vertreter*innen des Ho-
tel- und Gastronomiegewerbes, aus Überzeugung
und Stolz auf die einmalige Kulturlandschaft und die
Hochwertigkeit regionaler Erzeugnisse, dem Bio-
sphären-Verbund angeschlossen und unterstreicht
die Leidenschaft zu seiner Arbeit mit einem außer-
gewöhnlichen Angebot an feinsten Produkten und
Speisen in der gemütlichsten Location der Region,
nämlich in einem alten Lagerhaus, ehemals Korn-
speicher der Gemeinde Dapfen bei Münsingen.

Dieses überaus lohnende Ausflugsziel am Ende
einer erlebnisreichen Tour von Reutlingen auf die
Alb verspricht das Beste aus den Bereichen Kaffee
und Seifenmanufaktur, die hier unter einem Dach
vereint sind. Malerisch am Ufer der Lauter gelegen,
führt eine gewundene Holztreppe vorbei an dem
großzügigen Außenbereich mit vielen Sitzmöglich-
keiten im Grünen, hinauf auf eine Holzterrasse mit

kleinen antiken Tischen und liebevoll zusammenge-
stellter Natur-Deko. Im Inneren des Gebäudes, das
drei Stockwerke umfasst, angekommen, können Sie
sich entweder auf einem der vielen stilvollen und gemütlichen Plätze niederlassen und die Seele beim
Genuss der angebotenen Köstlichkeiten baumeln
lassen oder Ihre Erkundungstour direkt fortsetzen.
Zum Beispiel im Seifenbereich, Schokoladenverkauf,
dem Ausstellungsbereich für lokale Erzeugnisse und
Spezialitäten, oder bei einer Führung in die hausei-
gene Dinkel-Bio-Konditorei, in der zauberhafte Kre-
ationen entstehen. Unbedingt die vegane und gluten-
freie Schokotorte probieren!

Das Lagerhaus bietet in jeder Hinsicht, was den
Verbund der Biosphären-Gastgeber*innen vereint
und legt noch eine kreative Schippe Originalität oben
drauf. „Lamm im Kräutermantel, Forellen aus den
kristallklaren Bächen der Täler, edle Destillate von
den Streuobstwiesen im Albvorland: Das Biosphärengebiet schmeckt. Unverwechselbar. Albtypische
Gerichte und hochwertige Zutaten aus dem Biosphärengebiet Schwäbische Alb sind in den Küchen der
Biosphärengastgeber selbstverständlich." Unmög-
lich, die Vielfalt der Angebote umfassend

darzustellen, ohne sie vor Ort mit allen Sinnen erlebt zu haben! Nutzen Sie am besten eines der Veranstaltungsangebote des Lagerhauses, in denen die Kulinarik auf kulturelle Aktionen in den Bereichen Kleinkunst, Gesang oder Theater abgestimmt ist, und lassen Sie das Gesamtkunstwerk auf sich wirken. Von Picknicken und Kräuterwanderungen, Schokoladentafel-Gießen, Seifen selbst herstellen, bis zum Stöbern in dem riesigen Angebot aus selbstdestillierten Pflanzenölen und Naturessenzen, sind den Aktivitäten keine Grenzen gesetzt. „Unsere Chocolaterie bietet handgemachte Köstlichkeiten aus Kakao. Wir verwenden fair produzierte Plantagenschokoladen von Kleinbauernkooperativen Costa Ricas und Ecuadors. Demnächst werden wir Kakaobohnen bis zur fertigen Schokolade selbst verarbeiten", kündigen die Betreiber, eine Familie aus dem Dorf, an.

Hier wird deutlich, dass naturverträgliches Wirtschaften der Leitgedanke ist und nicht nur ein Lippenbekenntnis. Das gilt auch für die Betriebe der Zulieferer*innen, die sich im Biosphärengebiet ebenso zum schonenden und überaus wertschätzenden Umgang mit den Ressourcen verpflichtet haben und hinter den Anforderungen stehen, die das für

ihre Arbeit bedeutet. Die Einhaltung der hohen öko-
logischen Standards wird zertifiziert und für die Be-
sucher*innen sichtbar gemacht in Siegeln wie „E-
MAS", „ServiceQualität Deutschland" und „Schmeck
den Süden". Volle Transparenz gewährleistet ganz-
heitlichen Genuss und zugleich florierende Geschäfte in der Region.

BÄDER UND MEHR

Freibad

In Reutlingen und Umgebung verlockt nicht nur in
den warmen Monaten ein Ausflug ins kühle Nass.
Wer aber sowieso im Sommer die Stadt besucht, der
sollte an einem heißen Tag unbedingt das Wellen-
freibad Markwasen in Reutlingen zur Abkühlung an-
steuern. Während sich in den steinernen Altstadt-
Gässchen die Hitze schon einmal stauen kann, verspricht das kulissenreiche Bad am Fuße der Achalm
Erfrischung. Ausgezeichnet als eines der landschaft-
lich reizvollsten und größten Freibäder Deutschlands, ist das Markwasenbad ein familienfreundli-
cher Treffpunkt für die Reutlinger*innen geworden
und zieht Gäste aus der ganzen Region an. Für

ausgiebiges Grillen und sportliche Aktivitäten ist in der weitläufigen Parklandschaft mit ausreichenden Schattenplätzchen genügend Raum. Verköstigt werden Besucher*innen von einer Pizzeria, einer Crêperie und einer ausgefallenen Milchbar.

Im Wellenbecken des Freibads sorgen 1,5 Meter hohe Wellen für ultimatives Urlaubsfeeling, im Sportbecken können die Sprungtürme und eine 80 Meter lange Rutsche unterhalten. Für Kleinkinder ist derweil neben einem separaten Planschbecken ein Schiffchenkanal angelegt, an dem sich ein wasserspeiender Seehund und ein Wasserquellstein bewundern lassen. Spielwiese und Abenteuerspielplatz runden den Spaß ab.

Achalmbad

Wenn das Wetter mal nicht so mitmacht, bietet das im Bauhaus-Stil entworfene Achalmbad vergleichbaren Badespaß für die ganze Familie. Hier überzeugen zudem die kostenlosen Fitnessgeräte und Entspannungsliegen im Galeriebereich. Auch ein Solarium kann besucht werden. Das denkmalgeschützte Bad finden Sie in der Innenstadt von Reutlingen.

Hallenbad Betzingen

Das kleine, ansprechende Hallenbad im Ortsteil Betzingen überzeugt mit seiner Allwettertauglichkeit: Eine große Liegewiese mit Spielbereich und Außenbecken laden zum Sonnenbaden ein, im Inneren wartet eine lichtdurchflutete Schwimmhalle mit gut beheiztem Becken auf Entspannungsbedürftige.

BadKap Albstadt-Ebingen

Wenn Sie die Möglichkeit nutzen möchten, eine Tour auf die Alb mit einem Ausflug ins ausgezeichnete Erlebnisbad BadKap in Albstadt-Ebingen zu verbinden, erwarten Sie hier zahlreiche Attraktionen, die über den reinen Badebesuch hinausgehe: „In dieser Wasseroase findet jeder seinen Platz, um den Alltag hinter sich zu lassen." Für Kinder und Jugendliche mag dieser Platz im abenteuerlichen Rutschen-Haus, Wellenbrandungsbecken oder in dem strudelnden Fluss sein, der sich durch die riesige, helle Anlage mit ihren Grotten und runden Becken schlängelt. Alle, die es ruhiger mögen, finden in den Relax-Becken mit 34 Grad warmem Wasser, dem Saunabereich, der Salzgrotte oder bei einem der vielfältigen Kursangebote die Möglichkeit, komplett abzuschalten.

Alb-Thermen Bad Urach

Bad Urach liegt 10 Kilometer von Reutlingen entfernt und ist ein echtes Kleinod. Hier erwartet Sie eines der schönsten und traditionsreichsten Thermalbäder Europas. Erholung und Gesundheit stehen hier im Vordergrund und das umfassende Verwöhn-Programm lässt sich am allerbesten allein oder zu zweit genießen. Ein angrenzendes Fitness- und Gesundheitszentrum bietet Trainings-, Präventionsberatung und Kurse an. In der Saunawelt können neben den Schwitzattraktionen Angebote und Aktionen im Wellnessbereich mit Massage-Center wahrgenommen werden. Das Thermalbad selbst umfasst sechs verschiedene Becken, die mit reinstem Thermal-Mineralwasser unterschiedlicher Wärmegrade gefüllt sind. Wohltuende musikalische Untermalung unterstützt das rundum gelungene Entspannungserlebnis.

Panorama Therme Beuren

Zu den schönsten Thermalbädern Süddeutschlands darf sich auch die Panoramatherme in Beuren, 15 km von Reutlingen entfernt, zählen. Hier gehören sogar sieben wohltemperierte Wasseroasen zur Beckenlandschaft und ein großer Dampfbadbereich mit Thermengrotte lockt ebenso, wie eine großzügige Saunaanlage mit exotischen Aufgüssen. Wie der Name erahnen lässt, punktet das auf dem Berg gelegene Bad durch eine herrliche exponierte Aussicht. Wenn es draußen dunkel ist, übernimmt eine stimmungsvolle Beleuchtung den Part des optischen Highlights und taucht das Bad in geheimnisvolles Funkeln.

Mineraltherme Böblingen

Noch ein Stück weiter Richtung Stuttgart gelegen, bietet sich ein Besuch der Mineraltherme Böblingen an. Natürliches Thermal- und Salzwasser entfaltet hier seine Heilkräfte in hochwertigem Ambiente. Ergänzt wird der körperliche Genuss durch den hervorragenden und gesunden gastronomischen Service vor Ort. Wohlfühlgarantie!

Badestellen und Badeseen

Im Sommer lockt noch eine naturnahe Option, um sich zu erfrischen. Warum nicht einfach einen Radausflug zu einem der umliegenden Seen unternehmen und völlig unkommerziell und flexibel an einem ruhigen Plätzchen am Ufer dem Rauschen der Blätter und dem Leben der tierischen Seebewohner*innen ganz nah sein? Die Baggerseen Kirchentellinsfurt, Neckartailfingen und Hirschau sind allesamt wunderbare Ausflugsziele und auch der Bissinger See und der Rangendinger Stausee warten mit natürlichen Attraktionen und erlebnisreichen Anfahrtswegen auf.

Kunst und Museum

Wen es in der Stadt und bei den kulturellen Bildungsangeboten Reutlingens hält, dem bescheren die Museen vor Ort unterhaltsame und informative Zeiten, die ganz in die Zusammenhänge von Vergangenheit und Gegenwart eintauchen lassen und ein tiefgreifendes Verständnis der Region fördern.

Das Heimatmuseum ist das historische Stadtmuseum Reutlingens und prädestiniert als erste Orientierung für alle Interessierten.

Das Naturkundemuseum Reutlingen bietet derweil Einblicke in Natur, Landschaft und Klima der Reutlinger Gegend. Besonders spannend ist die der Reutlinger Siedlungsgeschichte im wahrsten Sinne zugrundeliegende erdgeschichtliche Vergangenheit und geologische Verfasstheit, zu der auch die seit eh und je ausschlaggebende Verbindung der Bewohner*innen mit der Tier- und Pflanzenwelt zählt.

Im Industriemagazin Reutlingen werden Produkte und Maschinen aus der Maschinenbau- und Textilindustrie und damit die Wurzeln der wirtschaftlichen Entwicklung der Region präsentiert.

Das Museum „Im Dorf" in Betzingen ermöglicht Erkenntnisse über das dörfliche Leben und führt die ländlich-industrielle Erschließung des bemerkenswerten Dorfes mit seiner ganz speziellen Geschichte vor Augen. Auch farbenfrohe Trachten und bäuerliche Traditionen nehmen den Wandel seit dem 19. Jahrhundert in den Blick. Das hervorstechende historische Gebäude ist selbst Teil der Ausstellung.

Kunstmuseum Spendhaus Reutlingen
Das städtische Kunstmuseum im Spendhaus hat sich auf Hochdrucke des 20. und 21. Jahrhunderts spezialisiert. In der Galerie dagegen, einem Teilbereich des Museums, dreht sich alles um zeitgenössische Kunst des deutschen Südwestens. Die hier gezeigte Ausstellung ist überaus beliebt und eine Empfehlung wert!

Württembergische Philharmonie Reutlingen

Die Reutlinger*innen schufen ihr professionelles Sinfonieorchester nach dem Ende des Zweiten Weltkrieges. Die Württembergische Philharmonie Reutlingen hat sich seither zu einem erfolgreichen Landesorchester entwickelt und bestreitet mit ihren Mitgliedern aus fünfzehn Nationen jährlich weit über hundert Auftritte und Konzerte. Stets regional verwurzelt und gleichzeitig weltoffen, innovativ und international besetzt, gibt die Philharmonie ein treffendes Bild der Stadt wieder. Ihr Programm ist abwechslungsreich und verschafft verschiedenen Zielgruppen Zugang zu musikalischen Erlebnissen der Extraklasse. Dabei nimmt das Orchester stark repräsentative Funktionen ein und wird bei seinen Gastspielen immer wieder zum Vertreter des baden-württembergischen Kulturlebens. Ein stillschweigendes Bekenntnis der Besetzung sowohl zur Bedeutung von Kultur in der Region, wie auch zur Stadt Reutlingen, machen die Auftritte der Philharmonie authentisch und überzeugen immer wieder internationales Publikum, so auch bei einer dreiwöchigen Japan-Tournee 2006 und Kooperationen mit den großen Festspielhäusern in Salzburg, Baden-Baden, anderen Städte-Orchestern, Musikvereinen und bei hochkarätig aufgestellten Festivals. Amsterdam, Zürich, Warschau und Ravello, das Sinfonieorchester kommt rum und ist derzeit gefragt wie nie.

Stadtbibliothek Reutlingen

Als letzten Tipp zur Unterhaltung besonders für Regentage (von denen die Stadt glücklicherweise im bundesdeutschen Durchschnitt nicht allzu viele kennt), an denen Sie es vielleicht doch einmal ganz ruhig und in sich gekehrt angehen möchten und am besten ein paar ungestörte Stunden lang in einem weichen Sessel versinken und in einem guten Buch schmökern wollen, an solchen Tagen sind sie in Reutlingens Stadtbibliothek genau richtig aufgehoben. Ausgezeichnet als die bundesweit beste Stadtbibliothek wartet das modern verglaste Gebäude mit einer ungeheuren Bandbreite an Medien auf, und bietet ihren Besucher*innen neben endlos scheinenden Regalreihen und Präsentationsflächen toller Literatur gemütliche Winkel und Rückzugsorte, um komplett vom hektischen Alltag abzuschalten und sich in anregende Geschichten zu vertiefen.

Anfahrt

Überzeugt? So kommen Sie am Schnellsten nach Reutlingen...Auto, Bahn, Bus oder Flugzeug? (Fast) alle Wege führen nach Reutlingen. Mit dem Auto gibt es vor allem die beiden Autobahnrichtungen von Heilbronn, Karlsruhe und München her, oder aus Richtung Singen kommend. Im ersten Fall verlassen Sie die A8 an der Ausfahrt Stuttgart-Möhringen oder Stuttgart-Degerloch und fahren von dort aus weiter über die B27 Richtung Reutlingen. Von Singen her ist es am besten, auf der A81 die Ausfahrt Herrenberg zu nehmen und dann der B 28 über Tübingen nach Reutlingen zu folgen.

Am Hauptbahnhof Reutlingen verkehren in regelmäßiger Taktung Züge in sämtliche Richtungen. Von Stuttgart aus ist die Fahrtrichtung Tübingen oder Aulendorf die, auf der der Regionalexpress in Reutlingen zwischenhält, in der Gegenrichtung sind Züge in Richtung Stuttgart immer eine gute Wahl. Fernbusse steuern Reutlingen ebenfalls regelmäßig an und halten vor dem Bahnhof. Busse auf der Strecke München-Freiburg frequentieren die Stadt besonders häufig, aber auch von und nach Berlin besteht eine gute und günstige Anbindung.

Der nächstgelegene Flughafen ist Stuttgart-Echterdingen. In knapp 30 Minuten schafft es der Shuttleservice „Expresso" von und nach Echterdingen und bindet Reutlingen damit optimal an den internationalen Flugverkehr an.

Reutlingen heißt Sie willkommen!

Wenn Sie nach diesem Vorgeschmack neugierig auf Land und Leute geworden sind, freut sich die Stadt Reutlingen über Ihren Besuch. In den Organisationsebenen des Landkreises und der Kommune, sowie auch von den einzelnen Bürger*innen der Stadt, wird alles dafür getan, Ihnen einen mitreißenden und inspirierenden Aufenthalt zu gewährleisten, sei es in der Natur im Biosphärengebiet Schwäbische Alb rund um Reutlingen oder in der City selbst, die Ihnen mit unzähligen

Attraktionen und Annehmlichkeiten eine schwäbische Charme-Offensive entgegenbringt und Sie tief eintauchen lässt in die spannende und einzigartige Stadtgeschichte. Genuss, Bewusstseinserweiterung und Erholung, das alles finden Sie an diesem Ort. Reutlingen wartet darauf, von Ihnen entdeckt zu werden und Sie mit seinen vielfältigen Qualitäten zu überzeugen!

Packliste

Geld & Finanzen

O (evtl.) Auslandswährung
O Bargeld
O Bauchtasche
O Brustbeutel
O Bauchtasche
O EC-Karte
O Kreditkarte
O Notfall-Telefonnummern der Banken
O Portmonee

Hygiene

O Haarbürste / Kamm
O Deo (klein)
O Shampoo
O Kulturtasche
O Sonnencreme
O Taschentücher

O Reise-Zahnbürste und Zahnpasta
O Verhütungsmittel

Kleidung

O Badeklamotten
O Gürtel
O Hosen kurz / lang
O Mütze / Cap / Hut
O Pullover
O Regenjacke
O Schlafanzug
O Socken
O Sonnenbrille
O Sportklamotten / Jogginghose
O T-Shirts
O Unterwäsche

Medikamente

O Blasenpflaster
O Anti-Durchfalltabletten
O Erste-Hilfe-Set

O Fiebertabletten
O Fiebertabletten
O Mückenschutz
O sonstige Medikamente
O Pflaster
O Kopfschmerztabletten

Unterlagen & Papiere

O ADAC Unterlagen
O Adresslisten für Postkarten
O Krankversicherungsnachweis
O Stadtplan
O Führerschein
O Unterlagen für die Unterkunft
O Wasserdichte Hülle für Reiseunterlagen
O Impfausweis
O Mietwagenunterlagen
O Personalausweis
O Reisepass
O Reisetagebuch
O evtl. Studentenausweis

O evtl. Visum
O Zug- / Bahn- / Flugticket

Taschen & Rucksäcke

O Koffer / Trolley / Reisetasche
O Regenhülle für Rucksack
O Rucksack

Schuhe

O Badeschlappen / Hausschuhe
O Schuhe und Wechselschuhe

Sonstiges

O Brille / Kontaktlinsen und Etui
O Buch zum Lesen
O Ohrenstöpsel und Schlafmaske
O Regenschirm
O Reisedecke
O Wasserflasche
O Wörterbuch

Elektronik

O Digitalkamera

O Handy

O Ladekabel

O Kopfhörer

O evtl. Steckdosenadapter

O Power-Bank

Herstellung und Verlag:

BoD – Books on Demand, Norderstedt

ISBN: 9783750470248

© Melanie Specht 2020

1. Auflage

Kontakt: Psiana eCom UG/ Berumer Str. 44/ 26844 Jemgum

Covergestaltung: Fenna Larsson

Coverfoto: depositphotos.com